Mariana C.

POVEȘTI NESPUSE

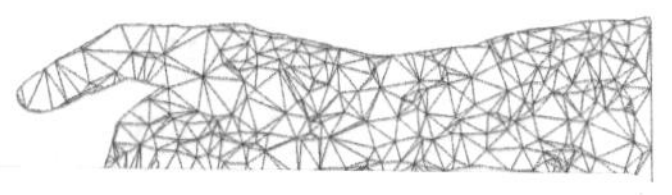

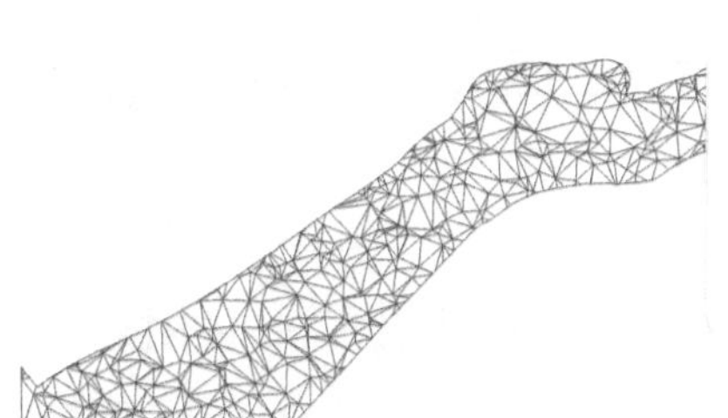

2024

<h1 style="text-align:center">De la acelaș autor:</h1>

1. ,,Armonia in cuplu''
- explorează diverse aspecte ale relațiilor umane, de la comunicare și empatie, la rezolvarea conflictelor și construirea unei relații de cuplu sănătoase și echilibrate.

2. ,,Vindecarea rănilor emoționale în relații''
- este o carte profundă,care explorează complexitatea relațiilor interpersonale și impactul pe care trecutul emoțional îl poate avea asupra lor.

3. "Cum sa iti gasesti sufletul pereche"
- se adreseaza celor care își doresc sa gaseasca dragostea adevarata si sa-si gaseasca sufletul pereche.

4."Reconstruirea unei relații deteriorate"
- este un ghid util și practic pentru persoanele care se confruntă cu dificultăți în relațiile lor.

5."Depășirea limitărilor mentale"- este o resursă valoroasă pentru oricine își dorește să-și depășească propriile limitări mentale și să trăiască o viață plină de succes și împlinire.

6. ,,Zâmbetul din oglindă'' - este un ghid util pentru oricine dorește să-și îmbunătățească stima de sine și să-și atingă potențialul maxim.

7. "Rescrie-ți povestea" este o carte care abordează tema depășirii traumelor din copilărie și construirii unui viitor mai luminos.

8. "Umbrele trecutului" -este o carte care explorează teme precum iubirea, pierderea și curajul de a merge mai departe.

9 ,,Poveștile din copilărie'' - este o carte care explorează principiile psihologiei pozitive și modul în care putem fi fericiți și mulțumiți fără să avem nevoie de motive externe pentru aceasta.

"Povești nespuse" este o carte scrisă de Mariana C., care explorează diferite aspecte ale relațiilor umane și oferă o perspectivă subiectivă asupra problemelor și provocărilor cu care se confruntă oamenii în relațiile lor interpersonale.

Cartea explorează teme precum comunicarea, încrederea, compromisul, iubirea și respectul în relațiile de cuplu, de familie sau de prietenie.
Mariana C. împărtășește din experiențele sale personale și oferă cititorilor sfaturi practice și perspective noi pentru a înțelege și a gestiona relațiile lor într-un mod sănătos și constructiv.
Cu o abordare sinceră și empatică, prin intermediul acestei cărți ,autoarea invită cititorii să exploreze și să descopere noi modalități de a cultiva relații sănătoase și armonioase în viața lor. Este o călătorie emoționantă și captivantă prin lumea complexă a relațiilor umane, care îi va inspira pe cititori să se angajeze mai profund în relațiile lor și să își îmbunătățească calitatea vieții.

"În fiecare relație există povești nespuse, mistere neexplorate și întrebări fără răspuns. Călătoria într-o relație este ca un labirint în care descoperim noi căi și noi sensuri, iar adevărata magie constă în a ne pierde și a ne regăsi împreună."

Capitolul 1: "Începuturi"

- O femeie tânără și ambitioasă își întâlnește sufletul pereche într-un mod neașteptat, dar fascinant.
- Cum începe relația lor și cum se dezvoltă interacțiunile lor inițiale?

Capitolul 2: "Obstacole neașteptate"

- În mijlocul fericirii lor aparent perfecte, personajele noastre se confruntă cu obstacole și provocări pe care nu le-au prevăzut.
- Cum își pun la încercare relația și cum reușesc să depășească aceste provocări?

Capitolul 3: "În căutarea echilibrului"

- Unul dintre protagoniști se confruntă cu propriile temeri, punându-și relația la încercare.
- Cum își regăsește echilibrul interior și cum afectează acest proces relația lor?

Capitolul 4: "Descoperiri neașteptate"

- Un secret bine păstrat iese la iveală, schimbând complet dinamica relației.
- Cum fac personajele noastre față cu această dezvăluire și cum își redefinesc legătura lor?

Capitolul 5: "Explorând noi orizonturi"

- Cei doi protagoniști încep să-și exploreze interesele și pasiunile individuale, descoperind noi aspecte ale lor înșiși și relația lor.
- Cum își extind ei perspectivele și cum își consolidează legăturile?

Capitolul 6: "Finalul călătoriei"

- Personajele noastre ajung la un punct de cotitură în relația lor, învățând ultimele lecții și descoperind adevărata profunzime a iubirii și a compromisului.
- Cum se încheie călătoria lor emoțională și ce lasă în urmă pentru viitorul lor împreună?

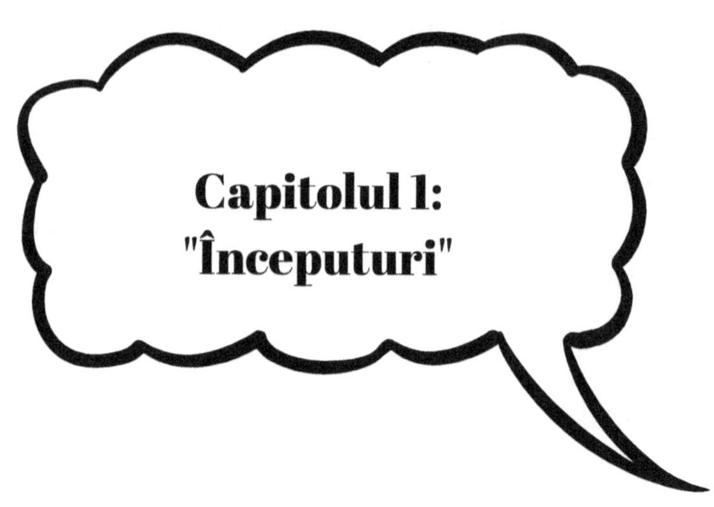

Capitolul 1:
"Începuturi"

Era o seară rece de toamnă, iar străzile erau pustii în orașul agitat. Amanda, o femeie tânără și ambițioasă, își luase o pauză de la munca sa în domeniul marketingului și se plimba singură pe străzi. În căutarea liniștii și a inspirației, a ajuns într-un parc mic, ascuns printre clădirile înalte.

Se așeză pe o bancă și își scoase telefonul din geantă, pregătită să-și actualizeze lista de lucruri de făcut pentru ziua următoare. În timp ce defila printre notițele ei, simți cum o umbră se așeza lângă ea pe bancă. Ridică privirea și își întâlni ochii cu un bărbat înalt și chipeș, cu un zâmbet cald pe buze.

 - Scuză-mă, nu am vrut să te sperii, își reluă bărbatul zâmbetul. Numele meu este Alex.

Amanda rămase puțin surprinsă de acest gest neașteptat, dar simți că ceva special se întâmpla între ei. Alex părea un om calm și înțelegător, iar acea scânteie de curiozitate își făcu loc în inima ei. Au început să discute despre tot felul de lucruri, de la pasiunile lor comune până la visele și aspirațiile lor în viață.

Încetul cu încetul, timpul părea să se dilate în preajma lor și niciunul nu simțea nevoia să se grăbească. Amanda se simțea extrem de confortabil în preajma lui Alex și parca totul părea să se potrivească perfect în acel moment. Cei doi păreau să se completeze reciproc într-un mod surprinzător, iar chimia lor era palpabilă.

În acea seară, au petrecut ore întregi discutând despre tot felul de subiecte, fără să simtă nevoia să se oprească sau să vorbească despre trecutul lor. Era ca și cum întregul lor univers se învârtea în jurul acelei întâlniri întâmplătoare, dar magice. Amanda își dădu seama că în acel moment se simțea acasă, chiar dacă era în mijlocul unui oraș străin.

Pe măsură ce nopțea cobora peste oraș, cei doi au decis să plece împreună și să-și continuie conversația la o cafenea din apropiere. Se simțeau atrași unul de celălalt într-un mod straniu și profund, iar emoțiile lor păreau să se contopească într-o armonie perfectă.Amanda îl privi pe Alex și realiza că acesta era începutul unei noi etape în viața ei. Încă își amintea acel moment special din parc, când destinul a decis să le aducă împreună. Și acum, în fața ei, se afla omul care i-a reînviat speranța și pasiunea pentru viață.

Cei doi se întâlniră în acea cafenea de multe ori după acea seară, petrecând ore întregi povestindu-și unul altuia despre experiențele lor, visurile lor și fricile lor. Amanda descoperi că Alex era un suflet bun și călduros, iar prezența lui în viața ei o făcea să se simtă completă.

Relația lor începu să se dezvolte într-un ritm accelerat, iar sentimentele lor deveneau tot mai puternice pe zi ce trecea. Alex o încuraja pe Amanda să-și urmeze visele și să-și depășească temerile, iar ea îi dădea lui sprijinul și încrederea de care avea nevoie pentru a-și atinge propriile obiective. Împreună, cei doi se străduiau să construiască o relație solidă și să se sprijine unul pe celălalt în orice încercare. Amanda începu să simtă că acesta era începutul unei povesti de dragoste adevărate și profunde, care avea să le aducă fericire și împlinire pentru tot restul vieții lor.

Pe măsură ce timpul trecea, relația lor se întărea tot mai mult și se transforma într-un parteneriat bazat pe încredere, respect și iubire necondiționată. Amanda și Alex parcă se cunoșteau de o viață întreagă și erau recunoscători pentru șansa pe care destinul le-a oferit-o de a fi împreună.

povestea lor de dragoste a devenit din ce în ce mai profundă și mai puternică pe măsură ce își dezvăluiau tot mai multe dintre gândurile și sentimentele lor. Au trăit momente minunate împreună, bucurându-se de fiecare clipă petrecută împreună, de fiecare zâmbet și de fiecare îmbrățișare.

Într-o zi frumoasă de primăvară, Alex o luă pe Amanda de mână și o conduse într-un parc frumos, plin de flori înflorite și de copaci înmuguriți. Acolo, sub un copac înflorit, Alex îngenunche în fața ei și îi spuse cu lacrimi în ochi că ea era cea care i-a luminat întunericul, că ea era raza lui de soare în zilele noroase, că îi era sufletul pereche și că o iubea mai mult decât orice pe lume.

Amanda izbucni în plâns de fericire și emoție, iar Alex îi puse pe degetul ei inelul pe care îl purta de generații în familia lui. Cerul părea că se deschide, iar natura părea să sărbătorească odată cu ei, în acel moment magic în care sufletele lor s-au unit într-un jurământ veșnic de iubire.

Trecerå anii, dar dragostea lor rămase puternică și eternă, ca un far de lumină în noapte. Au crescut împreună, au învins împreună obstacolele vieții și au trăit fiecare clipă cu intensitate și iubire.

Amanda și Alex se cunoșteau de câțiva ani și de fiecare dată când se întâlneau, simțeau o conexiune puternică între ei. Ajunseseră să își înțeleagă și să își completeze reciproc gândurile și emoțiile, iar asta îi făcea să se simtă tot mai apropiați unul de celălalt.

Cu fiecare zi care trecea, relația lor se întărea tot mai mult, iar Amanda începea să realizeze că acesta era bărbatul pe care îl căutase toată viața. Era un om cu un suflet minunat, care o făcea să se simtă iubită și apreciată în fiecare clipă. Alex era sprijinul de care avea nevoie în momentele grele, dar și râsul care îi făcea inima să tresalte de bucurie.

Împreună, acești doi tineri se străduiau să construiască o relație solidă și puternică, bazată pe respect, încredere și iubire necondiționată. Se împărțeau visuri și aspirații, știind că împreună pot depăși orice obstacol și pot avea o viață fericită și împlinitoare.

Fiecare moment petrecut împreună părea desprins dintr-o poveste de basm, iar Amanda simțea că este norocoasă să aibă alături un suflet atât de frumos și de nobil.

Dragostea lor era ca un foc care nu se stinge niciodată, ci care arde mereu cu aceeași intensitate și pasiune. Se iubeau cu o profunzime care depășea cu mult cuvintele și gesturile, iar asta îi făcea să se simtă conectați într-un mod unic și special.

Pe măsură ce timpul trecea, Amanda și Alex învățau să se cunoască din ce în ce mai bine și să își descopere unul altuia laturile ascunse și frumoase ale personalității lor. Își spuneau secretele cele mai întunecate și visele cele mai mari, știind că între ei nu existau bariere sau constrângeri.

Au trecut împreună prin multe încercări și greutăți, dar niciodată nu s-au lăsat învinși de adversitate. Se susțineau reciproc și se încurajau să meargă mai departe, știind că au puterea și determinarea de a face față oricărui obstacol.

Într-o zi, Alex îi făcu o surpriză neașteptată lui Amanda și o luă de mână, spunându-i că vrea să îi arate ceva special. O conduse pe un deal înalt, de unde se putea vedea întregul oraș luminat de razele soarelui apus. Amanda fu copleșită de frumusețea peisajului și de gestul dulce al iubitului ei, iar lacrimile începură să îi curgă pe obrajii ei zâmbitori.

"Te iubesc mai mult decât cuvintele pot spune, Amanda. Ești lumina ochilor mei și inima mea bate pentru tine. Vreau să îți ofer tot ce am mai bun și să te fac fericită în fiecare zi a vieții noastre. Vreau să împărtășim toate bucuriile și tristețile vieții împreună, până când povestea noastră de dragoste va deveni o legendă", îi spuse Alex, cu ochii plini de emoție și iubire.

Amanda simți că inima îi este copleșită de fericire și dragoste și își dădu seama că această era începutul unei noi etape în relația lor. Se uită în ochii lui Alex și îi zâmbi, știind că își dorește să petreacă restul vieții alături de el, explorând noi orizonturi și descoperind noi înțelesuri în dragostea lor.

De atunci, cei doi tineri s-au decis să se căsătorească și să își unească destinele pentru totdeauna. Au făcut promisiuni de iubire eternală și loialitate, știind că vor fi alături unul de celălalt în orice încercare și necaz, dar și în orice moment de fericire și bucurie.

Ceremonia lor de căsătorie a fost un eveniment de neuitat, în care cei doi îndrăgostiți și-au declarat iubirea în fața familiei și a prietenilor lor apropiați. Au dansat împreună pe melodia lor preferată și au privit apusul de soare, știind că de acum înainte vor fi doi într-unul singur, completându-se perfect și iubindu-se cu toată ființa lor.

Au călătorit în locuri frumoase și exotice, au trăit aventuri nebănuite și au cunoscut oameni minunați care le-au îmbogățit experiența de viață. Au creat amintiri de neuitat și au păstrat în inimile lor fiecare moment petrecut împreună, ca niște comori prețioase pe care le vor păstra pentru tot restul vieții lor.

Au întemeiat o familie fericită și plină de iubire, în care copiii lor cresc cu dragoste și respect, învățând de la părinții lor ce înseamnă să fii uniți și să te sprijini unul pe celălalt în orice încercare.

Așa cum visase Amanda, viața lor devenise o poveste de dragoste adevărată și profundă, care îi aducea fericire și împlinire în fiecare zi. Se simțeau binecuvântați de Univers că s-au găsit unul pe celălalt și își mulțumeau în fiecare zi pentru darul iubirii pe care îl împărtășeau.

Împreună, Amanda și Alex continuau să
trăiască fiecare zi ca și cum ar fi ultima, știind
că dragostea lor le va fi lumina și călăuzirea
în orice încercare. Se iubeau cu aceeași
intensitate și pasiune ca în prima zi și își
promiteau să își dăruiască cel mai de preț dar
pe care îl aveau, dragostea lor eternă și
necondiționată.
Și așa, povestea lor de dragoste continuă să
inspire și să aducă bucurie în inimile celor din
jur, dovedind că adevărata iubire este un dar
prețios și neprețuit, care poate schimba
viețile oamenilor și poate umple lumea de
lumină și fericire.

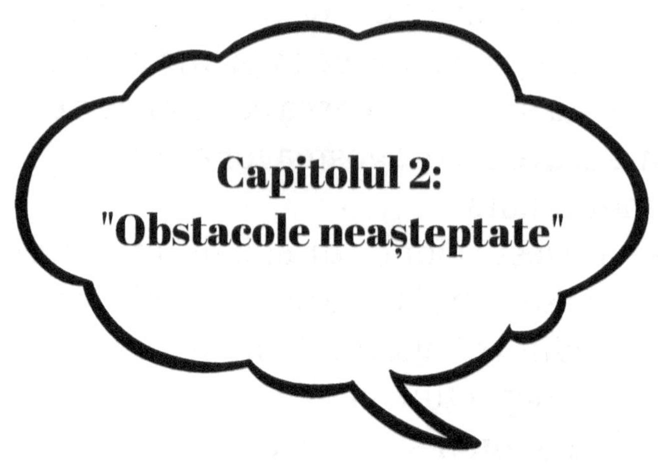

Capitolul 2:
"Obstacole neașteptate"

Amanda și Alex erau considerați de toți cei din jurul lor ca fiind un cuplu perfect. Se iubeau cu pasiune, erau amândoi de succes în carierele lor și păreau să aibă tot ce își puteau dori. Cu toate acestea, viața le va pune la încercare relația într-un mod pe care niciunul dintre ei nu l-a anticipat.

Totul a început într-o seară obișnuită, când Amanda și Alex se plimbau prin parc, bucurându-se de frumusețea naturii și de compania reciprocă. În timp ce se plimbau, au început să discute despre viitorul lor împreună și despre planurile pe care le aveau. Amanda era entuziasmată de ideea de a își întemeia o familie, în timp ce Alex își dorea să își continue cariera și să călătorească în jurul lumii.

Această diferență de viziune cu privire la viitor avea să fie primul obstacol major cu care cei doi aveau să se confrunte. Amanda și Alex au încercat să găsească un compromis, dar niciunul dintre ei nu părea dispus să renunțe la propriile visuri. Această tensiune a început să îi afecteze relația și comunicarea dintre ei a devenit tot mai dificilă.

Într-o zi, lucrurile au ajuns la un punct critic atunci când Amanda a primit o ofertă de muncă extraordinară în străinătate. Ea era extrem de entuziasmată de oportunitatea de a-și urma cariera și de a-și îndeplini visurile, dar acest lucru presupunea să fie departe de Alex pentru o perioadă îndelungată. Alex, pe de altă parte, era reticent în privința acestei idei și îi era teamă că distanța i-ar afecta relația.

După multe discuții și emoții puternice, Amanda a decis să accepte oferta de muncă și să plece în străinătate pentru o perioadă de un an. Această decizie a fost extrem de grea pentru ea, dar știa că nu ar fi fost fericită dacă ar fi renunțat la această oportunitate. Alex a fost nevoit să accepte decizia ei și să încerce să își susțină partenera, chiar dacă îi era greu să accepte ideea de a fi despărțiți pentru o perioadă atât de lungă.

Distanța și numărul de ore petrecute la distanță au făcut ca relația lor să fie pusă la încercare mai mult decât oricând. Au trecut prin momente dificile, au avut neînțelegeri și certuri, iar uneori părea că nu mai există nimic care să îi mai lege împreună.

Cu toate acestea, nu au renunțat niciodată unul la celălalt și au continuat să lupte pentru relația lor.Pe măsură ce timpul trecea, Amanda și Alex și-au dat seama că iubirea lor era mai puternică decât orice obstacol sau provocare. Au început să își dea seama că erau capabili să depășească orice încercare, atâta timp cât erau împreună. În loc să se lase doborâți de dificultățile pe care le întâmpinau, au ales să folosească aceste provocări pentru a-și întări relația și pentru a crește împreună.

Anul a luat sfârșit, Amanda s-a întors acasă și cei doi s-au reunit în sfârșit. Experiențele prin care trecuseră împreună i-au schimbat pe amândoi în moduri pe care nu le-ar fi anticipat. Au învățat să aprecieze mai mult timpul pe care îl petreceau împreună, să comunice mai bine și să își susțină unul pe celălalt în momentele dificile.

Amanda și Alex au înțeles că relațiile nu sunt întotdeauna ușoare și că există momente în care trebuie să faci compromisuri și să lupți pentru ceea ce îți dorești. Lucrurile nu vor fi întotdeauna perfecte, dar ceea ce contează cu adevărat este capacitatea de a rămâne uniți și de a trece împreună prin orice obstacol.

Amanda și Alex au aflat că iubirea adevărată înseamnă să fii alături de partenerul tău în cele mai grele momente, să îți susții unul pe celălalt și să crești împreună în fiecare zi. Ceea ce părea a fi un obstacol, a devenit, în cele din urmă, o experiență care i-a făcut să își dea seama cât de mult se iubesc și cât de puternică poate fi relația lor atunci când sunt uniți.Amanda și Alex se priveau unul pe celălalt cu ochii plini de încredere și iubire. Au trecut împreună prin multe momente dificile și au avut parte de numeroase încercări, însă întotdeauna au găsit în puterea lor interioară și în legătura lor întărită un motiv puternic să lupte pentru relația lor.

Când ceva nu mergea bine între ei, ei nu renunțau ușor. Își dădeau mâna și își spuneau unul altuia că vor reuși să depășească orice obstacol împreună. Erau conștienți că relațiile nu sunt întotdeauna simple și că există momente în care trebuie să faci compromisuri, să îți pui ego-ul deoparte și să fii dispus să mergi pe drumul dificil al împăcării și înțelegerii.

De-a lungul timpului, au învățat să comunice mai bine, să își asculte cu atenție nevoile și să găsească soluțiile potrivite pentru problemele lor. Nu mai lăsau conflictele să escaladeze și să distrugă ceea ce construiseră împreună cu atâta trudă. În loc să se certe, ei își încurajau unul pe celălalt să își exprime sentimentele și să găsească împreună soluțiile potrivite.

Au învățat să aprecieze momentele frumoase petrecute împreună, să se bucure de compania reciprocă și să își arate recunoștința unul față de celălalt pentru sprijinul și dragostea necondiționată oferite în permanentă. Își aminteau mereu de motivul pentru care s-au îndrăgostit unul de celălalt și de promisiunile făcute în zilele pline de entuziasm și iubire.

Nu exista nici o problemă prea mare sau prea grea pe care nu o puteau rezolva împreună. Erau echipa perfectă, completându-se perfect unul pe celălalt și având încredere că pot face față oricărui obstacol care le stătea în cale. Nu își imaginau viața fără celălalt și erau hotărâți să își păstreze relația puternică și să își consolideze legătura zi de zi.

În fiecare dimineață, se priveau unul pe celălalt cu zâmbetul pe buze și cu inima plină de recunoștință pentru dragostea pe care o aveau.

Își spuneau "Te iubesc" cu aceeași intensitate și emoție ca și în prima zi și își promiteau să fie alături unul de celălalt în fiecare moment din viață.

Împreună, Amanda și Alex au înțeles că relațiile nu sunt întotdeauna ușoare, dar că există puterea și frumusețea unei iubiri adevărate care poate trece peste orice obstacol. Au învățat să fie deschiși și să își deschidă inimile în fața celuilalt, să își exprime dorințele și temerile fără frică și să își ofere suportul și înțelegerea reciprocă în momentele grele.

Au adoptat o abordare pozitivă și constructivă în rezolvarea conflictelor și au învățat să își ofere timpul și atenția de care celălalt avea nevoie pentru a se simți iubit și apreciat. Nu se lăsau doborâți de rutina zilnică sau de presiunile externe, ci se străduiau să găsească mereu modalități noi de a-și îmbunătăți relația și de a se apropia unul de celălalt în fiecare zi.

Știau că secretul unei relații de succes constă în capacitatea de a rămâne uniți și de a depăși împreună orice provocare. Nu se temeau de obstacole sau de incertitudini, ci se bucurau de drumul pe care îl aveau de parcurs împreună, conștienți că fiecare pas făcut împreună îi aducea și mai mult aproape unul de celălalt.

Cu răbdare, determinare și dragoste, Amanda și Alex au construit o relație puternică și profundă, care le aducea bucurie și împlinire în fiecare zi. Erau un exemplu de iubire și dedicare pentru cei din jurul lor și erau mândri de ceea ce reușiseră să construiască împreună.

Pe măsură ce se priveau cu ochii plini de speranță și de recunoștință, își dădeau seama că iubirea lor îi făcea să fie mai puternici, mai înțelepți și mai încrezători în forțele lor. În ciuda greutăților și a provocărilor, ei știau că pot face față oricărui obstacol împreună și că dragostea lor era o forță imensă, capabilă să învingă orice piedică.

Așa că, în fiecare zi, Amanda și Alex își reafirmau jurământul lor de iubire și se străduiau să rămână uniți și devotați pentru tot restul vieții lor. Își spuneau "Te iubesc" cu aceeași pasiune și gingășie ca și în prima zi și își promiteau să fie mereu acolo unul pentru celălalt, să se susțină și să se iubească necondiționat.

Cu un zâmbet cald și ochii plini de iubire, Amanda și Alex își continuau călătoria în lumea lor minunată, în care dragostea le aducea bucurie, înțelegere și fericire. Erau recunoscători pentru fiecare clipă petrecută împreună și se bucurau de minunata lor aventură a iubirii, conștienți că sunt norocoși să aibă unul pe celălalt și că dragostea lor este cea mai mare comoară pe care o pot avea în viața lor.

În ciuda tuturor dificultăților și obstacolelor cu care s-au confruntat, Amanda și Alex au reușit să își construiască o relație solidă și de lungă durată. Au învățat să se susțină reciproc, să își aprecieze diferențele și să își urmeze visele împreună. Pentru ei, dragostea era cea mai puternică forță din univers și îi împiedica să renunțe în fața oricărei provocări.

Împreună, Amanda și Alex au învățat că iubirea adevărată nu este perfectă, ci este puternică și solidă, capabilă să depășească orice obstacol. Au traversat împreună furtuni și au dansat împreună sub razele soarelui, dovedind că dragostea lor era eternă și indestructibilă. Pentru ei, fiecare zi era o aventură frumoasă și plină de emoție, iar viitorul le surâdea cu încredere și bucurie.

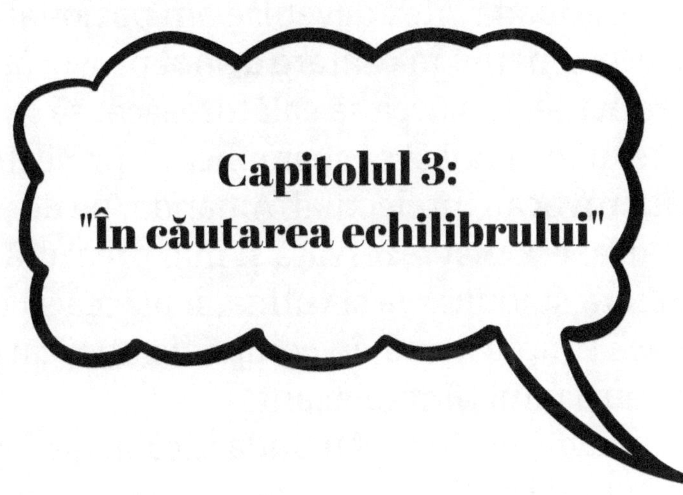

Capitolul 3:
"În căutarea echilibrului"

Dupa o perioada Alex devenise om pasional și aventuros, mereu în căutare de noi provocări și experiențe. Îi plăcea să călătorească, să încerce lucruri noi și să se implice în proiecte care îl provocau intelectual. Amanda, pe de altă parte, era mai rezervată și mai precaută. Ea prefera stabilitatea și rutina, îi plăcea să își petreacă timpul acasă, în compania unei cărți bune sau a unui film relaxant.

În ultima vreme, însă, Amanda începuse să se simtă tot mai neliniștită în relația lor. Simțea că Alex își dorea să își trăiască viața la maximum, în timp ce ea își dorea doar să se bucure de lucrurile simple și să liniștea din jurul său. Ea începea să se simtă neglijată și uitată, iar frica de a-și pierde identitatea în relația cu Alex începuse să îi afecteze starea de spirit.

Într-o zi, după o ceartă aprinsă între ei, Amanda a decis să își ia o zi liberă de la serviciu și să se retragă într-o cabană izolată în mijlocul pădurii. Avea nevoie de timp pentru ea însăși, pentru a-și regăsi echilibrul interior și pentru a decide ce să facă în continuare în relația cu Alex.

Primul lucru pe care l-a făcut a fost să se conecteze cu natura din jurul său. Plimbările prin pădure, sunetul păsărilor și mirosul de pământ ud i-au adus o stare de liniște și de calm pe care nu o simțise de mult timp. Își petrecea zilele citind cărți, meditând sau pur și simplu privind stelele de pe veranda cabanei. Acele momente de singurătate i-au oferit ocazia să se cunoască mai bine pe sine și să își asculte propriile dorințe și temeri.

În timp ce Amanda se concentra asupra propriei sale vindecări interioare, Alex începea să își dea seama cât de mult îi lipsea prezența și susținerea ei. Se simțea pierdut fără ea, iar faptul că relația lor era la limita prăbușirii îl făcea să își pună întrebări serioase despre viitorul lor împreună.

O discuție telefonică emoționantă i-a determinat pe amândoi să își pună la punct gândurile și sentimentele și să încerce să găsească o soluție pentru problemele lor. Amanda i-a spus lui Alex despre momentele de reflecție și introspecție pe care le trăise în cabană, iar el a acceptat să o întâlnească acolo pentru a vorbi despre viitorul lor.

Întâlnirea lor în cabană a fost presărată cu multe lacrimi și emoții puternice.

Amândoi și-au expus fricile și temerile cu sinceritate, și au ajuns la concluzia că relația lor avea nevoie de unele ajustări. Amanda își dorea mai multă comunicare și stabilitate din partea lui Alex, în timp ce el își dorea să îi ofere mai mult spațiu și libertate pentru a-și urmări pasiunile.

După ore în șir de discuții și împăcare, cei doi au reușit să găsească un echilibru între nevoile și dorințele lor individuale și cele ale cuplului. Au decis să se implice mai mult în activități de cuplu care să îi apropie pe amândoi, dar și să își acorde timp și spațiu pentru a-și urma pasiunile personale. Reîntoarcerea Amandei din cabană a adus cu sine o nouă înțelegere și apropiere între cei doi. Relația lor renăscuse din cenușă și părea mai puternică și mai solidă decât oricând. Îți petreceau mai mult timp împreună, dar și separat, fără a se pierde din vedere unul pe celălalt.

Cu timpul, Amanda a început să încurajeze aventurile lui Alex și să își descopere propria pasiune pentru călătorii și noile experiențe. Pe de altă parte, Alex a devenit mai atent și mai implicat în viața de zi cu zi a Amandei, și a reușit să o facă să simtă mai iubită și mai apreciată ca niciodată înainte.

Împreună, Alex și Amanda au învățat să își respecte nevoile și temerile, să se susțină reciproc în momentele dificile și să își acorde libertatea de a fi ei înșiși. Au învățat că adevărata iubire nu înseamnă să fii întotdeauna în același loc sau să faci aceleași lucruri, ci să te susții și să te iubești unul pe celălalt în ciuda diferențelor și dificultăților. Astfel, prin regăsirea echilibrului interior și recunoașterea propriilor temeri și dorințe, Alex și Amanda au reușit să își întărească relația și să treacă peste orice obstacol în calea lor. Prin acceptarea reciprocă și comunicarea deschisă, au creat o legătură puternică și autentică, bazată pe încredere și sprijin reciproc. Iar povestea lor de iubire a devenit una despre curajul de a lupta pentru ceea ce contează cu adevărat și despre puterea de a crește și de a evolua împreună.

Alex a învățat să fie mai atent și mai răbdător cu Amanda, în timp ce ea a învățat să își exprime mai des sentimentele și gândurile. Au învățat să fie vulnerabili și să se deschidă unul altuia fără frică.

Au călătorit împreună pe meleaguri îndepărtate, au urcat pe vârfuri de munte și au admirat răsărituri de soare în liniștea dimineții.

Au petrecut serile lungi în conversații
profunde și înțelepte, în care și-au împărtășit
visurile și temerile.
Împreună au învățat că iubirea adevărată nu
înseamnă doar să fii mereu împreună sau să
faci mereu aceleași lucruri, ci să te susții și să
te iubești unul pe celălalt în ciuda tuturor
diferențelor și dificultăților. Au învățat să se
accepte reciproc așa cum sunt, să se respecte
și să se susțină în călătoria vieții.
Au cunoscut momente de fericire intensă, dar
și momente de tristețe și suferință. Au trecut
prin încercări și încercări, dar au știut
întotdeauna că împreună sunt mai puternici.
Au învățat să își ofere unul altuia spațiul și
libertatea de a crește și de a se dezvolta în
moduri unice.
În fiecare zi, Alex și Amanda se trezesc
recunoscători pentru prezența celuilalt în
viața lor. Se îmbrățișează cu dragoste și își
promit unul altuia să fie mereu acolo, să se
susțină și să se iubească în fiecare clipă, în
fiecare zi a vieții lor.
Împreună, ei reprezintă o poveste de iubire cu
adevărat frumoasă și captivantă, o poveste
care demonstrează că nimic nu poate fi mai
puternic decât legătura sinceră dintre doi
oameni care se iubesc cu adevărat.

Împreună, ei reprezintă un exemplu de dragoste și devotament, de compromis și înțelegere. Împreună, ei reprezintă esența a ceea ce înseamnă să îți trăiești viața alături de cineva special.

Capitolul 4:
"Descoperiri neașteptate"

COFFEE

Alex și Amanda erau împreună de câțiva ani și păreau să fie un cuplu perfect. Erau mereu zâmbitori, veseli și își petreceau mult timp împreună, având pasiuni comune și o conexiune puternică. Prietenii și familia îi admirau pentru relația lor și le invidiau fericirea pe care o aveau împreună.

Dar un secret bine păstrat a ieșit la iveală și a schimbat complet dinamica relației lor. Totul a început într-o seară frumoasă de vară, când Amanda a descoperit întâmplător o scrisoare veche ascunsă într-un sertar. Era o scrisoare de dragoste de la o femeie pe nume Laura către Alex, datând de mai mulți ani în urmă. Amanda a fost șocată și devastată în același timp. Cum era posibil ca Alex să fi avut o altă relație în timp ce era cu ea?

Într-un final, Amanda s-a hotărât să îl întrebe pe Alex despre scrisoare. La început, el a negat totul și a încercat să îi explice că era vorba doar de o prietenie veche. Dar Amanda nu l-a crezut și l-a pus să îi spună adevărul. Alex s-a confesat, recunoscând că a avut o relație cu Laura înainte de a o cunoaște pe ea, dar că a decis să o lase pentru că nu se mai simțea împlinit în acea relație.

Amanda era furioasă și dezamăgită. S-a simțit trădată și înșelată. Cum putea să îi ascundă așa ceva atât de important? Cum să mai aibă încredere în el acum? Relația lor părea să fie la un pas de prăbușire. Dar în același timp, Amanda simțea că îl iubește pe Alex și că nu vrea să îl piardă.

În următoarele zile, cei doi au stat departe unul de celălalt, evitând să discute despre ceea ce s-a întâmplat. Dar la un moment dat, Amanda a decis că trebuie să aibă o discuție sinceră cu Alex și să încerce să înțeleagă mai bine situația. Au stat ore în șir vorbind despre relația lor, despre sentimentele lor și despre cum să meargă mai departe.

Amanda a realizat că trebuie să încerce să îl ierte pe Alex și să își dea o șansă să reconstruiască încrederea în el. Înțelegea acum că trecutul lui nu poate fi schimbat, dar că ceea ce contează cel mai mult este prezentul lor și viitorul lor împreună. Alex era recunoscător pentru această oportunitate și a jurat să fie mai deschis și sincer cu Amanda în viitor.

În timp, cei doi au reușit să își redefinească relația și să depășească obstacolul apărut. Au devenit mai uniți ca niciodată și au învățat să comunice mai bine între ei.

 Își petreceau mai mult timp împreună, făceau mai multe lucruri în comun și se sprijineau reciproc în tot ceea ce făceau. Prietenii și familia lor îi priveau cu admirație și își doreau să aibă o relație la fel de frumoasă ca a lor.

După ce au trecut prin acest moment dificil, Alex și Amanda s-au simțit mai puternici ca niciodată. Au învățat că adevărul și sinceritatea sunt cheia unei relații sănătoase și că este important să vorbești deschis cu partenerul tău despre tot ceea ce te preocupă. Au ales să privească înainte și să își construiască un viitor frumos împreună, bazat pe iubire, încredere și respect reciproc. Astfel, secretul bine păstrat care a ieșit la iveală a fost doar o încercare a destinului de a le arăta că relația lor poate fi mai puternică și mai profundă decât credeau ei. Alex și Amanda au învățat să își respecte trecuturile, să își accepte defectele și să își ierte greșelile, pentru a putea merge mai departe împreună într-o relație sănătoasă și fericită.

Amanda și Alex formau un cuplu admirabil în ochii prietenilor și familiei lor. Se alintau unul pe altul, se sprijineau mereu și se bucurau de fiecare clipă petrecută împreună.

În serile fierbinți de vară, se plimbau prin parc, ținându-și mâinile strâns una de cealaltă. Se opreau din când în când să admire florile înflorite sau să se așeze pe o bancă pentru a savura o înghețată împreună.
În zilele ploioase, statul acasă devenea o aventură în sine. Alex o făcea pe Amanda să râdă cu glumele sale hazlii, iar ea îl răsplătea cu gătitul mâncărurilor preferate. Se așezau pe canapea, își luau câte o pătură peste picioare și priveau împreună un film sau citeau cărți.
În weekend-uri, mergeau împreună la diverse evenimente sau expoziții culturale. Se delectau cu muzica live, dansau pe ritmurile melodioase sau admirau opere de artă moderne. Se simțeau în largul lor oriunde mergeau, datorită armoniei și înțelegerii pe care o compartimentau între ei.
Amanda și Alex erau un exemplu de cuplu fericit și echilibrat. Erau acele două suflete pereche care se completau perfect și care aveau dragoste și respect unul pentru celălalt. Viitorul părea promițător pentru ei, iar gândul de a petrece toată viața împreună îi făcea să zâmbească și să simtă recunoștința pentru tot ceea ce aveau.

În fiecare zi, își spuneau reciproc cât de mult se iubeau și cât de recunoscători erau că s-au găsit unul pe celălalt. În ochii lor, se putea citi o uimire și o pasiune ce nu se estompa niciodată. Amanda și Alex erau doi tineri îndrăgostiți care trăiau fiecare clipă cu intensitate și emoție, știind că dragostea lor era neclintită și veșnică.

Alex și Amanda au decis să își petreacă mai mult timp împreună, să se bucure de compania celuilalt și să își întărească legătura lor. Au început să meargă în excursii romantice, să petreacă serile în fața unui foc de tabără sau să se plimbe de mână prin parc. Fiecare moment petrecut împreună era unul special și memorabil pentru ei.

În timp ce se bucurau de clipele fericite, au început să își stabilească obiective comune și să își planifice viitorul în doi. Au discutat despre căsnicie, despre copii și despre visurile lor personale. Au realizat că pot face față oricăror provocări împreună, dacă sunt uniți și dacă își acordă sprijin reciproc.

Pe măsură ce timpul trecea, relația lor devenea din ce în ce mai puternică și mai solidă. Au învățat să se iubească și să se respecte unul pe celălalt în fiecare zi.

Au învățat să își acorde timp și atenție reciprocă, să își manifeste recunoștința și să își exprime sentimentele.
Împreună au trecut peste orice obstacol și au depășit orice piedică care le-ar fi putut sta în cale. Au învățat că în relații e important să comunici deschis, să fii sincer și să arăți empatie față de celălalt. Au învățat să își pună înainte nevoile și emoțiile, fără teamă de a fi judecați sau respinși.
Într-o zi însorită de primăvară, Amanda și Alex se plimbau de mână prin parc, bucurându-se de razele calde ale soarelui și de cântecul păsărilor. Erau atât de fericiți împreună și se simțeau binecuvântați pentru dragostea pe care o împărtășeau. Amanda privea în ochii lui Alex și vedea acolo întreaga ei lume, un loc în care se simțea în siguranță și iubită.
Și Alex își găsea liniștea și fericirea în ochii strălucitori ai iubitei sale. Erau ca două perechi perfecte care se potriveau la fix și se susțineau în tot ceea ce făceau. Nu trecea o zi fără să-și arate dragostea și aprecierea reciprocă, fie că era vorba de un simplu sărut pe frunte sau de un gest mic, dar plin de semnificație.Cei doi se cunoșteau încă din adolescență și fusese dragoste la prima vedere.

Chiar dacă au avut unele obstacole de-a lungul drumului, au reușit să le depășească împreună și să crească în această relație puternică și sănătoasă. Nu erau doar parteneri de viață, ci și cei mai buni prieteni ai fiecăruia și sufletele pereche care se completau perfect.

Împreună, Amanda și Alex au trăit multe aventuri și au creat amintiri prețioase. De la călătoriile lor în locuri exotice, până la serile petrecute în fața șemineului, fiecare moment petrecut împreună era de neprețuit. Își făceau planuri pentru viitor și visau la o casă mică în care să-și întemeieze propria familie, cu copii râzând și alergând prin curte.

Capitolul 6:
"Explorând noi orizonturi"

Într-o dimineață însorită de primăvară, Amanda și Alex se treziră cu un simț al aventurii care le pulsează în vene. Era ca și cum aerul era plin de posibilități și promisiuni pentru ziua ce urma să fie. Amanda își deschise ochii și își întinse mâinile către Alex, care tocmai se trezise și el. Se priviră unul pe celălalt cu ochii încă obosiți dar plini de nerăbdare pentru ceea ce avea să le pregătească ziua respectivă.

"- Ce zici, Alex? Ce crezi că ar trebui să facem azi?" întrebă Amanda, cu zâmbetul său contagios pe față.

"- Hmm, nu știu. Poate să facem ceva diferit astăzi. Ce-ai vrea să facem tu?" răspunse Alex, gânditor.

Cei doi își petrecuseră ultima perioadă explorându-și interesele și pasiunile individuale, iar acum simțeau că era momentul să își extindă perspectivele și să își consolideze legăturile. Amanda era pasionată de artă și fotografie, în timp ce Alex era atras de natură și aventură. Așa că, împreună, hotărâră să combinați aceste două pasiuni și să plece într-o călătorie în căutarea celor mai frumoase peisaje și momente captivante.

Și astfel începu aventura lor.

Cu un rucsac în spate și cu inimile pline de energie și curiozitate, Amanda și Alex porniră în căutarea frumuseții ascunse a lumii din jurul lor. Prima lor destinație era o rezervație naturală situată la câteva ore distanță de orașul lor. Drumul prin pădure părea să fie plin de mister și promisiuni de descoperiri noi. Amanda își scoase aparatul foto și începu să captureze fiecare detaliu al naturii înconjurătoare, de la frunzele verzii la razele blânde ale soarelui care se strecurau printre crengile copacilor.Pe parcursul drumeției lor, cei doi începură să discute despre pasiunile și interesele lor, împărtășindu-și gândurile și visele cu sinceritate și deschidere.

Descoperiră că, deși aveau pasiuni diferite, acestea se completau perfect una pe cealaltă, formând un echilibru minunat în relația lor. Amanda îl inspira pe Alex să vadă lumea prin ochii artiștilor, să aprecieze frumusețea din lucrurile mărunte și să își exprime creativitatea în tot ceea ce făcea. În schimb, Alex îi oferea Amandei curajul și determinarea de a-și urma visurile și de a-și depăși temerile, să fie în pas cu aventura și să se bucure de natură în toată splendoarea ei. Pe măsură ce se apropiau de destinația lor, cei doi simțeau cum legătura lor se întărea tot mai mult.

Conversațiile lor deveniseră mai profunde și mai intime, iar conexiunea lor emoțională părea să fie din ce în ce mai puternică. Ajunși în rezervația naturală, Amanda și Alex se pierdură în frumusețea peisajului, bucurându-se de fiecare clipă petrecută împreună. Alex o privi pe Amanda și își dădu seama cât de norocos era să aibă o parteneră atât de specială, care îi împărtășea pasiunile și visele sale cu atâta încredere și iubire. Pe drumul de întoarcere, cei doi hotărâră să se oprească la marginea unei cascade ascunse, unde simțiră că era momentul perfect pentru a-și consolida legăturile între ei. Amanda se așeză pe o piatră lângă apă, iar Alex se apropie de ea și o luă de mână cu tandrețe. Privirile lor se întâlniră și un val de emoție îi cuprinse pe amândoi.

- Amanda, trebuie să-ți spun ceva important, începu Alex, cu inima bătându-i cu putere în piept.

- Ce este, Alex? întrebă Amanda cu o sclipire de curiozitate în ochi.

- De când te-am cunoscut, viața mea s-a schimbat complet. Ai adus atât de multă lumină și bucurie în ea și m-ai făcut să văd lumea în culori mai vibrante. Ești persoana cea mai minunată pe care am întâlnit-o vreodată și vreau să îți promit că voi fi mereu alături de tine, să te susțin și să te iubesc în fiecare zi a vieții mele.

Amanda își ținu respirația, emoțiile ei fiind copleșitoare. Se uită la Alex, iar ochii lui îi spuneau tot ce trebuia să știe. Își dădu seama că și ea simțea același lucru pentru el, că dorința de a fi împreună și de a-și împărtăși viețile era una profundă și sinceră.

"– Alex, eu... și eu simt același lucru. Mă simt norocoasă și recunoscătoare că te am în viața mea și că putem fi împreună în fiecare aventură și fiecare moment. Te iubesc din toată inima mea și promit să fii alături de tine în tot ceea ce facem împreună." răspunse Amanda, cu ochii în lacrimi de fericire.

Cei doi se îmbrățișară în tăcere, simțind cum iubirea dintre ei îi învăluia plenar. Acea zi avea să rămână în amintirea lor ca un moment de intensitate emoțională și de consolidare a legăturii lor și era doar începutul unei călătorii frumoase și pline de aventură.

Pe măsură ce zilele treceau, Amanda și Alex continuau să își exploreze pasiunile și interesele, încurajându-se reciproc să își urmeze visele și să se dezvolte ca indivizi.

Amanda își dedică mai mult timp lucrărilor sale artistice, participând la expoziții locale și colaborând cu alți artiști talentați. Alex, pe de altă parte, își petrecea tot mai mult timp în mijlocul naturii, organizând excursii de drumeție și explorând locuri noi și fascinante.Dar nu uitau niciodată să își facă timp pentru ei înșiși și unul pentru celălalt. Uneori, se răsfățau cu plimbări romantice în parcul lor preferat sau cine romantice la lumina lumânărilor. Alteori, alegeau să petreacă timp în aer liber, explorând împreună peisajele minunate din jurul lor și bucurându-se de fiecare moment împreună. Călătoria lor nu era lipsită de provocări și conflicte, dar din fiecare obstacol scosese învățăminte prețioase și își consolidaseră legătura și mai mult. Învățaseră să își asculte și să își respecte nevoile și dorințele, să comunice deschis și sincer, să își susțină reciproc în momentele dificile și să se bucure de reușitele și realizările fiecăruia.

Una dintre cele mai memorabile momente din călătoria lor a fost într-o călătorie peste ocean, într-o destinație exotică și îndepărtată. Amanda și Alex simțeau că era momentul pentru o escapadă într-un loc nou și plin de mister, unde să-și exploreze pasiunile și să-și consolideze legăturile.

Ajunși la destinație, cei doi se lăsau purtați de farmecul locului, îmbătându-se cu parfumul exotic al florilor și simțind adierea blândă a vântului tropical în părul lor.Pe plaja cu nisip fin și alb, Amanda și Alex priveau apusul superb deasupra oceanului, într-un moment de liniște și contemplare. Plutiră în liniște, ascultând sunetul valurilor care se izbeau de mal și savurând fiecare clipă petrecută împreună. În acel moment, când soarele cobora la orizont, Alex se apropie de Amanda și își luă mâna ei, privind-o cu afecțiune și admirație.

– Amanda, aici, în acest loc minunat, sub cerul înstelat și la lumina apusului, vreau să-ți spun cât de mult te iubesc și cât de mult însemni pentru mine. Ești esențială în viața mea și nu aș putea imagina o viață fără tine alături. Vreau să petrec fiecare zi alături de tine, să explorez lumea și să împărtășesc visele noastre împreună. Te iubesc, Amanda, cu toată ființa mea.

Amanda îi zâmbi cu privirea plină de iubire și apoi îi răspunse:

– Alex, și eu simt același lucru. Ești sufletul meu pereche, persoana cu care îmi doresc să împărtășesc totul în viața mea. Te iubesc mai mult decât pot să exprim în cuvinte și vreau să fiu alături de tine pentru totdeauna.

Și astfel, sub lumina apusului, cu sunetul valurilor îndepărtându-se și cu inimi atât de pline de iubire și fericire, Amanda și Alex își promiseră să rămână uniți în toate aventurile și provocările vieții. Călătoria lor mergea mai departe, plină de frumusețe și de provocări, dar cu siguranța că împreună vor face față cu curaj și încredere tuturor obstacolelor. Amanda și Alex și-au explorat interesele și pasiunile individuale, descoperind noi aspecte ale lor înșiși și relația lor. Prin aventură și iubire, ei și-au extins perspectivele și și-au consolidat legăturile, transformându-se într-un cuplu puternic și unit în fața provocărilor vieții.

Fiecare zi le aducea noi oportunități de a crește și de a se descoperi unul pe celălalt, iar ei erau pregătiți să îmbrățișeze fiecare clipă cu inimile deschise și pline de pasiune. Pentru Amanda și Alex, călătoria începută împreună era doar începutul unei povești de dragoste și aventură care avea să dureze pentru totdeauna.După ce și-au petrecut o perioadă minunată explorând împreună, Amanda și Alex au hotărât să își extindă călătoria și să meargă într-o aventură mai mare.

Au decis să plece într-o călătorie în jurul lumii, să descopere locuri noi, culturi diferite și să se îmbogățească spiritual prin experiențele lor.

Prima destinație pe care au ales-o a fost o insulă exotică, unde au petrecut zile întregi pe plaje albe, înconjurați de palmieri și ape cristaline. Au savurat fiecare moment petrecut împreună, privind apusurile spectaculoase de soare și ascultând sunetul valurilor care se spărgeau în mod lin pe mal.

A doua oprire a fost într-un oraș european pitoresc, plin de istorie și arhitectură impresionantă. Au vizitat muzee, castele și străzi vechi, pierzându-se pe străduțele întortocheate și descoperind secretele ascunse ale locului. Au savurat mâncărurile locale și au dansat sub clar de lună în piețe aglomerate, simțindu-se complet împliniți unul de celălalt.

Următoarea oprire a fost într-o destinație exotică din Asia, unde au învățat despre spiritualitate, yoga și meditație. Au petrecut zile întregi în liniște și contemplare, găsind pace și armonie în inimile lor. Au învățat să trăiască în prezent și să aprecieze fiecare clipă a vieții lor împreună.

Călătoria lor i-a purtat apoi în Africa, unde au avut șansa să vadă animale sălbatice în habitatul lor natural. Au mers în safari-uri și au fost martorii unor peisaje uimitoare, care le-au luat respirația. Au simțit că sunt parte din natură și că fac parte dintr-un plan mai mare, care îi leagă cu tot ce îi înconjoară.

Au hotărât să se întoarcă acasă, dar nu înainte de a face o oprire într-o destinație exotică din America de Sud. Aici au participat la festivaluri de dans și muzică, au gustat mâncăruri locale și au făcut cunoștință cu oameni minunați, care le-au schimbat perspectiva asupra vieții.

Călătoria lor s-a încheiat în același loc unde a și început, dar acum se simțeau altfel. Erau mai bogați cu experiențele trăite împreună, mai apropiați unul de celălalt și mai înțelepți în privința lumii înconjurătoare. Au decis că aventura lor nu se va termina niciodată, că vor continua să descopere, să crească și să se iubească cu aceeași pasiune și bucurie, pentru totdeauna.

Capitolul 6:
"Finalul călătoriei"

Încă de când s-au cunoscut, Alex și Amanda au simțit o conexiune specială între ei. Dar pe parcursul călătoriei lor, au descoperit că iubirea nu este doar un sentiment care îi leagă, ci și o lecție despre compromis, înțelegere și comunicare. Au avut momente în care s-au certat, s-au simțit frustrați sau confuși, dar au învățat să treacă peste obstacole împreună.

În această călătorie, amândoi au avut timp să-și exploreze propriile emoții, să-și înțeleagă temerile și să-și descopere adevăratele dorințe. Alex a învățat că iubirea nu înseamnă să fii mereu puternic sau să ai mereu răspunsurile, ci uneori înseamnă să fii vulnerabil și să ceri ajutor. Amanda a înțeles că iubirea nu înseamnă să renunți la propriile dorințe sau să te sacrifici mereu, ci să găsești echilibrul între nevoile tale și cele ale partenerului tău.

Împreună, au învățat să comunice deschis și sincer, să-și exprime gândurile și sentimentele fără teama de a fi judecați sau respinși. Au învățat să se asculte reciproc, să-și ofere sprijin și să fie unul pentru celălalt în momentele grele.

Au învățat că iubirea adevărată nu este perfectă, ci este plină de imperfecțiuni și de eforturi constante de a înțelege și de a accepta.

Acum, stând pe malul oceanului în lumina apusului, Alex și Amanda simțeau că sunt gata să privească împreună spre viitor. Cu toate că au avut momente dificile și au trecut prin multe schimbări, ei știau că relația lor a devenit mai puternică și mai solidă. Au învățat să se accepte unul pe celălalt așa cum sunt, cu toate calitățile și defectele lor, și să se iubească în ciuda tuturor greutăților.

Amanda își privi partenerul, cu ochii plini de iubire și recunoștință. Alex o sărută tandru și îi spuse:

 - Știu că nu suntem perfecți și că avem multe de învățat încă, dar vreau să îți promit că voi fi mereu aici pentru tine, să te sprijin și să te iubesc în fiecare zi a vieții noastre. Mă bucur că am avut această călătorie împreună și că am avut șansa să te cunosc așa cum ești cu adevărat.

Amanda îl strânse în brațe și îi răspunse:

 - Și eu sunt recunoscătoare că te am pe tine în viața mea. Ai fost mereu acolo pentru mine, în cele mai grele momente, și știu că pot conta pe tine în continuare.

Sper că vom continua să ne sprijinim unul pe celălalt și să construim un viitor frumos împreună.

Și astfel, cu inimile pline de iubire și cu privirile îndreptate spre viitor, Alex și Amanda își continuă călătoria împreună. Au învățat că iubirea adevărată este un dar prețios, care necesită timp, răbdare și înțelegere. Au învățat că pot depăși orice obstacol atâta timp cât sunt uniți și hotărâți să meargă împreună în această călătorie a vieții. Și astfel, finalul călătoriei lor nu este un sfârșit, ci un nou început plin de speranță și de promisiune pentru un viitor plin de iubire și fericire.

Alex și Amanda au hotărât să își consolideze legătura și să își întemeieze viața lor împreună. Au început să planifice viitorul, să își stabilească obiective comune și să își împărtășească visele și aspirațiile. Împreună, au început să construiască o casă a lor în care să se simtă în siguranță și protejați unul de celălalt.

Au trecut împreună prin momente grele, dar niciodată nu au renunțat unul la celălalt. Au învățat să se susțină reciproc și să își ofere sprijinul în momentele de nevoie.

Au ajuns să se cunoască atât de bine încât pot citi unul în ochii celuilalt dorințele și gândurile.Pe măsură ce au îmbătrânit împreună, au privit în urmă cu recunoștință la toate momentele frumoase pe care le-au trăit împreună. Au experimentat bucuria de a fi părinți și au crescut împreună copii minunați, care le-au umplut inimile de fericire și mândrie. Au străbătut împreună pădurile întunecate și au învins toate provocările care le-au ieșit în cale.

Într-o zi de toamnă, când frunzele căzute acopereau pământul într-un covor auriu, Alex a luat mâna Amandei și i-a spus că o iubește mai mult ca niciodată. Amanda a zâmbit, știind că aceste cuvinte erau sincere și pline de adevăr. Au privit împreună la apusul de soare și au simțit că între ei nu există decât iubire și armonie.

Și astfel, când stelele au început să strălucească pe cer, Alex a luat inelul pe care îl purta în buzunar și s-a aplecat în fața Amandei. Cu lacrimi de fericire în ochi, a întrebat-o dacă vrea să îi fie soție și să îi trăiască alături toate zilele vieții.

Amanda a răspuns cu un simplu și ferm "da", iar în acea clipă, au știut că sunt destinați să fie împreună pentru totdeauna.

Au îmbrățișat cu putere și își declaraseră iubirea eternă sub lumina lunii și a stelelor. Și așa au trăit fericiți până la adânci bătrâneți, păstrându-și dragostea vie și aprinsă în inimile lor. Au învățat că iubirea adevărată este cea care nu îmbătrânește niciodată și care poate trece cu bine prin toate obstacolele vieții.

Alex și Amanda au învățat că secretul unei călătorii fericite împreună constă în a împărți bucuriile, în a îndepărta durerea și în a păstra mereu flacăra iubirii aprinsă între ei. Și când vor pleca în ultimă călătorie, vor ști că au trăit o viață plină de iubire și fericire, iar amintirea lor va rămâne vie în inimile celor dragi pentru totdeauna.

După ce au petrecut mult timp împreună în călătoria lor prin viață, Alex și Amanda s-au întors la locul unde totul a început - acasă. Dar de data aceasta, nu se simțeau la fel ca înainte. Experiențele lor i-au schimbat și i-au transformat într-un mod pe care nu-l puteau descrie cuvintele.

S-au uitat unul la celălalt, bucurându-se de prezența celuilalt și recunoscând cât de mult s-au schimbat în timpul călătoriei lor. Au simțit că legătura lor era mai puternică ca niciodată și că nu exista nimic care să poată să-i despartă acum.

Decizia de a continua aventura lor împreună a fost luată pe deplin. Au hotărât că fiecare zi va fi o nouă oportunitate de a descoperi ceva nou, de a crește și de a se iubi în moduri pe care nu le-ar fi crezut posibile înainte.
Au pornit împreună într-o altă călătorie, explorând locuri noi și întâlnind oameni minunați. Fiecare pas pe care-l făceau împreună era unul plin de învățăminte și de surprize.În timp ce călătoreau, au descoperit frumusețea lumii înconjurătoare și s-au bucurat de magia fiecărui moment petrecut împreună. Au trăit clipe de fericire pură și de conexiune profundă, care i-au făcut să se simtă onești și plini de viață.Pe măsură ce treceau prin diferite etape ale călătoriei lor, au învățat să fie mai deschiși și mai empatici, să fie mai atenți la nevoile și dorințele celuilalt. Au învățat să-și aprecieze reciproc și să-și susțină unul pe celălalt în orice situație.
Călătoria lor nu avea un sfârșit, deoarece știau că aventurile și descoperirile împreună nu se vor opri niciodată. S-au promis să rămână drept în fața provocărilor și să își prezerveze dragostea și încrederea în toate împrejurările.

Alex și Amanda și-au continuat călătoria prin viață, crescând și evoluând împreună, cu inimile deschise și sufletele conectate pentru totdeauna. Au trăit fiecare zi ca pe o nouă aventură și au învățat să se bucure de fiecare clipă cu recunoștință și înțelepciune. Pentru ei, călătoria prin viață nu a fost niciodată mai plină de sens și mai frumoasă decât în clipa când s-au întors acasă, unde totul a început. Viața celor doi a devenit și mai bogată și mai plină de sens, iar călătoria lor a continuat alături unul de celălalt, cu inimile unite și sufletele împletite pentru totdeauna. Au trăit fiecare zi ca pe o binecuvântare și s-au bucurat de fiecare clipă în care erau împreună, învățând să aprecieze și să prețuiască fiecare moment ca pe o comoară neprețuită.

Pe măsură ce au înaintat în călătoria lor, Alex și Amanda au ajuns la concluzia că adevărata călătorie nu este doar cea pe care o faci în lume, ci cea pe care o faci în tine însuți. Au descoperit că fiecare experiență, fiecare învățătură și fiecare întâlnire le oferea ocazia de a se cunoaște mai bine și de a-și îmbunătăți relația cu ei înșiși și cu cei din jurul lor.

Alex și Amanda au continuat să se călăuzească reciproc în călătoria lor interioară și spirituală, sprijinindu-se unul pe celălalt în momentele grele și încurajându-se în momentele de bucurie. Au învățat că dragostea adevărată, înțelegerea profundă și respectul reciproc sunt cele mai prețioase comori pe care le pot avea în călătoria prin viață.

În final, când au privit înapoi la toate aventurile și lecțiile pe care le-au trăit împreună, Alex și Amanda au simțit recunoștință și bucurie pentru călătoria lor extraordinară. Își amintiseră de fiecare detaliu, de fiecare râs, de fiecare lacrimă și de fiecare moment de împlinire și realizare, și au simțit că toate acestea au contribuit la formarea lor ca indivizi și la creșterea iubirii și înțelegerii dintre ei.

Astfel, Alex și Amanda au știut că fiecare pas pe care-l făcuseră împreună, fiecare obstacol depășit și fiecare moment de fericire și încurajare i-au condus pe drumul către evoluție și împlinire. Și așa au continuat să călătorească împreună, înstrăinându-se de trecut și de viitor, și trăind prezentul cu inimile deschise și sufletele conectate pentru totdeauna.

Pentru ei, adevărata călătorie a fost cea care i-a adus acasă, acolo unde totul a început și unde totul avea să continue într-o infinită bucurie și armonie.

Alex și Amanda continuă să-și trăiască viața împreună, având încredere că orice drum le va fi deschis în viitor, vor reuși să-l străbată împreună, deoarece puterea lor de a rezista și a se susține unul pe celălalt este de neegalat.

În fiecare dimineață, Alex se trezește devreme pentru a găti micul dejun pentru cei doi. Amanda își începe ziua cu un zâmbet luminos, știind că lângă ea este partenerul ei de viață, mereu gata să-i susțină și să-i încurajeze. Cei doi petrec diminețile împreună, planificându-și ziua și visând la viitorul lor împreună.

În serile liniștite, cei doi se relaxează acasă, găsindu-și liniștea și confortul în brațele celuilalt. Alex îi citește povești Amanda despre aventurile pe care vor să le trăiască împreună, călătorind în locuri exotice și descoperind lumea dincolo de granițele cunoscutului. Amanda îl ascultă fascinată și simte că visurile lor nu sunt doar visuri, ci posibilități care îi așteaptă să le trăiască.

Pentru Alex și Amanda, fiecare zi este o nouă oportunitate de a se descoperi unul pe celălalt și de a se bucura de frumusețea vieții împreună.

Astfel, cu frumusețea și puterea dragostei lor, Alex și Amanda continuă să trăiască viața într-o armonie și iubire fără sfârșit, știind că indiferent de ce le va aduce viitorul, vor fi mereu împreună, gata să înfrunte orice împreună. Pentru că în inimile lor se află locul unde totul a început și unde totul va continua într-o eternă fericire și iubire.
Au continuat să își trăiască viața, împărțind fiecare moment, fiecare emoție și fiecare bucurie. Casa lor era un sanctuar al iubirii și armoniei, un loc în care sufletele lor se regăseau și se împlineau reciproc. În fiecare zi, se trezeau recunoscători pentru darul de a se avea unul pe celălalt, pentru dragostea lor care îi făcea să simtă că nu există nimic mai prețios în lume.
Așa au trăit Alex și Amanda împreună, într-o poveste de iubire și încredere, în care fiecare cuvânt, fiecare atingere și fiecare zâmbet aduceau cu sine darul unei iubiri pure și necondiționate.

"Relațiile noastre sunt ca povești nespuse, pline de taine și întorsături neașteptate. Pentru a le descoperi în întregime, trebuie să ne îndreptăm spre adâncurile inimii și să le deslușim cu înțelepciune și răbdare."